Da  :e

n

Giorgi Gaganidze

Das Exportpotenzial Georgiens managen

ScienciaScripts

This book is a translation from the original published under ISBN 978-3-659-86039-3.

Publisher:
Sciencia Scripts
is a trademark of
Dodo Books Indian Ocean Ltd. and OmniScriptum S.R.L publishing group

120 High Road, East Finchley, London, N2 9ED, United Kingdom
Str. Armeneasca 28/1, office 1, Chisinau MD-2012, Republic of Moldova, Europe

ISBN: 978-620-8-32277-9

Inhalt

Einführung

Die Monographie ist die Zusammenfassung der Forschungen der letzten 10 Jahre. Sie enthält frühere und aktuelle Forschungsarbeiten zu den Themen: Bewertung des Exportpotenzials Georgiens; neue Exportprodukte und -märkte; Managemententscheidungen zur Schaffung neuer Exportprodukte. Diese Forschungen sind sowohl für Manager aus der Praxis als auch für Forscher interessant, vor allem für Masterstudenten und Doktoranden, deren Forschungstätigkeit in denselben Bereich fällt. Einige der vorgestellten Forschungsmethoden zeigen eine neue Sichtweise in Bezug auf den Entscheidungsfindungsprozess über das Exportpotenzial.

Während der gesamten Zeit nach der Wiederherstellung der Unabhängigkeit konzentrierten sich die wirtschaftlichen Ideen in Georgien auf das Wirtschaftswachstum. In den letzten 10 Jahren wurde deutlich, dass Georgien die Wettbewerbsfähigkeit seiner Produkte verbessern, Mitarbeiter und Manager umschulen, geeignete Handelsmodelle und maßgeschneiderte Markteintrittsstrategien anwenden sollte. Wenn man sich die Probleme vor Ort ansieht, wird deutlich, dass viele von ihnen auf ineffizienten theoretischen Überlegungen beruhen, dass die Ideen und Überlegungen dahinter falsch waren. Daher müssen wir neue Ansätze finden, die georgischen Wettbewerbsvorteile festigen und versuchen, für beide Seiten vorteilhafte Beziehungen zu den Geschäftspartnern aufzubauen. Die "alte" Aussage: Du musst ein Produkt haben und der Käufer wird kommen, funktioniert heutzutage nicht mehr. Man sollte wissen, was der Markt braucht, sein Produkt sorgfältig auf ihn zuschneiden, die besten Wege zur Lieferung finden, sehr freundliche Zahlungssysteme einführen und dann wird der Käufer höchstwahrscheinlich zufrieden sein. Dies sind umfangreiche und kostspielige Aktivitäten, daher brauchen wir einige Garantien, um zu beginnen, und wir müssen die tatsächliche Wettbewerbsfähigkeit der georgischen Produkte sowie ihr Exportpotenzial herausfinden.

Der Autor hat versucht, eine Kombination bekannter Methoden einzuführen, um effektive und effiziente Lösungen zu finden. Auch Georgien sollte alle Möglichkeiten in der Welt nutzen, so wurden chinesische und türkische Möglichkeiten geprüft.

Vorwort

Warum werden wir exportieren? Die Frage scheint einfach zu sein, aber nur auf den ersten Blick. Die Chancen und Vorteile des Exports sind bekannt, aber was ist mit den Gefahren, Nachteilen usw.? Wir brauchen also einen systematischeren Ansatz. Das 21. Jahrhundert hat einzigartige Möglichkeiten geschaffen und gleichzeitig die Gefahren erhöht, da es einfach ist, neue Märkte zu erschließen, was bedeutet, dass die Marktgrenzen frei sind. Wenn Sie nicht exportieren, können Sie den Wettbewerb nicht verhindern, denn andere Akteure sind daran interessiert, auf Ihren Märkten zu konkurrieren. Daher ist der Export die einzige Möglichkeit, gute Fähigkeiten und Fertigkeiten für den Wettbewerb zu entwickeln. Was sind die zusätzlichen Anreize für kleine Länder, neue Märkte zu erschließen? Sie sind klein, ihr heimischer Markt reicht für ein nachhaltiges Wachstum nicht aus, sie brauchen neue Marktchancen. Mehrere Jahre lang haben georgische Regierungen und Think-Tanks nach Lösungen für die wirtschaftlichen und sozialen Probleme in Georgien gesucht. Dabei ist die Lösung ganz einfach: Die Exporte müssen nur gesteigert werden, und die Exporte würden zu Armutsbekämpfung und Wirtschaftswachstum führen. Wenn man das Exportpotenzial bestmöglich nutzen könnte - wenn die Exportprodukte auf Wettbewerbsvorteilen beruhen würden. Zur Verdeutlichung einige Zahlen zum Export, Export in % des BIP, Export pro Kopf. Für die Überprüfung haben wir Irland, Kroatien und Bulgarien ausgewählt. Warum diese Staaten? Irland ist eines der besten Beispiele dafür, wie das Exportwachstum zu Wirtschaftswachstum und Wohlstand beigetragen hat. Kroatien und Bulgarien sind Länder des ehemaligen Sowjetblocks, die bei der Einführung von Marktreformen mit zahlreichen Problemen zu kämpfen hatten, aber Wege zum EU-Beitritt gefunden haben.

Staat	Bevölkerung in Mio. Einwohnern	Ausfuhr in Tausenden von $	Export in % des BIP	Pro-Kopf-Ausfuhr in $
Kroatien	4.3	13.840.000	45.7	3218.6
Bulgarien	7.3	29.390.000	65.1	4026
Irland	4.6	118.290.000	113.7	25715

3

Georgien	3.7	2.860.000	22	773

Ein einfacher Blick genügt, um herauszufinden, in welche Richtung die wirtschaftliche Entwicklung Georgiens gehen sollte. Exportwachstum scheint der logischste Weg zu sein. Daher müssen wir diesen Bereich eingehend erforschen, verschiedene Produkte, verschiedene Märkte und verschiedene Wege untersuchen, um geeignete Lösungen zu finden. Um diese Aufgaben zu erfüllen, wurden mehrere Studien über den EU-Markt durchgeführt, die produktspezifische Ansätze beinhalteten. Es wurden spezifische Eintrittsmodi für georgische Agrar- und Nicht-Agrar-Exportprodukte auf dem EU-Markt definiert. Später wurden die Exportähnlichkeiten und der intraindustrielle Handel zwischen Georgien und der EU bewertet. Auf der Grundlage der Forschungsergebnisse wurden praktische Vorschläge/Empfehlungen für die georgische Regierung erarbeitet.

Kapitel 1. Wettbewerbsvorteile georgischer nichtlandwirtschaftlicher Erzeugnisse auf dem EU-Markt

1.1. Kurzer Rückblick auf die Geschichte

Georgien war ein industriell gut entwickelter Staat und exportierte zu Zeiten der UdSSR Nicht-Agrarprodukte. Nach der Unabhängigkeit Georgiens stand der Industriesektor jedoch vor dramatischen Problemen, da die traditionellen Märkte und Wertschöpfungsketten unterbrochen wurden. Nach der Unabhängigkeit kam es in Georgien zu ethnischen Konflikten und einem Bürgerkrieg.

Doch selbst in einer relativ friedlichen Zeit gab es kein nennenswertes Wachstum der Industrieproduktion, und in einigen Fällen ging die Qualität sogar zurück. Die schwache Leistung der georgischen Industriestämme ist eine Kombination aus den Schwächen der Zeit nach dem Übergang (geringer Produktionsumfang, fehlende Größenvorteile, Zerstörung der zuvor bestehenden Wertschöpfungsketten) und der Tatsache, dass die georgische Regierung nicht in der Lage war, den georgischen Industrieproduzenten in irgendeiner Form zu helfen. Die dominante Herangehensweise an die Marktliberalisierung brachte einige Vorteile mit sich, setzte aber gleichzeitig den Industriesektor unter starken Druck.

Die georgischen Industrieunternehmen mussten sowohl mit hoch subventionierten und/oder hoch effizienten Herstellern in der EU als auch mit anderen führenden Industrieunternehmen (Ukraine, Russland und Türkei) konkurrieren. Daher war der Industriesektor rückläufig und sein Anteil am BIP bleibt auf einem moderaten Niveau.

Das weitreichende und umfassende Freihandelsabkommen mit der EU bietet die Chance, die georgische Industrieproduktion wiederzubeleben. Der EU-Markt für Nicht-Agrarprodukte ist einer der größten und am schnellsten wachsenden; bei einigen spezifischen Produktgruppen übersteigen die EU-Einfuhren 50 % der weltweiten Einfuhren. Die geografische Nähe des EU-Marktes könnte ebenfalls als zusätzlicher Vorteil betrachtet werden. Somit wäre der EU-Markt ein wichtiger Zielmarkt für georgische Nicht-Agrarerzeugnisse. Der hart umkämpfte und sehr schwierige EU-Markt für Nicht-Agrarprodukte erfordert einen sehr sorgfältigen und maßgeschneiderten Ansatz, um alle bestehenden oder potenziellen Vorteile zu nutzen.

1.2. Das Exportpotenzial soll voll ausgeschöpft werden.

Zur Identifizierung der Wettbewerbsvorteile verschiedener georgischer Nicht-Agrarprodukte haben wir die Methodik zur Bestimmung ihrer Wettbewerbsfähigkeit auf der Grundlage der wichtigsten Merkmale des Zielmarktes und der bestehenden Exportbedingungen der Nicht-Agrarprodukte verwendet.

In der ersten Stufe wurden Produktgruppen (auf der Grundlage der vierstelligen ITC-Handelsstatistik) ermittelt, die eine gute Exportleistung aufweisen, sowie Produktgruppen (auf der Grundlage derselben vierstelligen Handelsstatistik) des EU-Importmarktes, die eine hohe Wirtschaftsleistung aufweisen. (siehe den technischen Anhang 1)

Der nächste Schritt bestand darin, einen Wettbewerbsindex zu erstellen. Der Index der Wettbewerbsfähigkeit wurde berechnet, indem das Wachstum der EU-Importe (in Prozent, multipliziert mit dem Fünffachen), der Anteil der Nicht-EU-Exporteure an den EU-Importen (in Prozent, multipliziert mit dem Fünffachen) und ihre qualitative Bewertung kombiniert wurden (siehe technischer Anhang 2).

Das Wachstum des EU-Importmarktes wurde für den Zeitraum zwischen 2009 und 2013 auf der Grundlage der "mittleren Wachstumsrate" berechnet; der Anteil der Nicht-EU-Exporteure wurde für das Jahr 2013 definiert. Das qualitative Rating für georgische Nicht-Agrarprodukte wurde als Kombination zweier Teilindikatoren definiert. Der erste Teilindikator gab die bisherige Exportleistung georgischer Nicht-Agrarprodukte auf dem EU-Markt an. Die Nummer 2 wurde den Nicht-Agrarerzeugnissen zugewiesen, die zwischen 2010 und 2012 eine stabile Exportleistung aufwiesen; die Nummer 1 wurde den Gruppen von Nicht-Agrarerzeugnissen zugewiesen, die im selben Zeitraum in irgendeiner Form im Export vertreten waren. Mit der Nummer 0 wurden Gruppen ohne jegliche Exportpräsenz auf dem EU-Markt gekennzeichnet. Der zweite Teilindex gibt die Exportleistung aller exportierten georgischen Nicht-Agrarprodukte im Jahr 2013 an. Zu diesem Zweck wurde der Anteil der Gruppe der Nicht-Agrarprodukte am Gesamtexport (Produkte 24-99 nach dem HS-System) von Nicht-Agrarprodukten für 2013 berechnet. 1 war der Satz für die Produktgruppen, die einen Anteil von bis zu 5% ausmachen; 2 für die Produktgruppen mit einem Anteil zwischen 5 und 10%; 3 für die Produktgruppen mit einem Anteil von über 10%. Für weitere Analysen können verschiedene Methoden der Marktgruppierung verwendet werden. Diese Methoden geben Einblick in strukturelle Ähnlichkeiten und ermöglichen es den Unternehmen, ihr Angebot und ihre Marketingstrategien für verschiedene Märkte zu standardisieren (Sakarya et al., 2007:213[1]).

Für alle Berechnungen wurden die gemeinsamen vierstelligen Handelsstatistiken des UNCTAD/WTO International Trade Centre (ITC) (http://www.intracen.org/tradstat [1]) verwendet, um die Entwicklung des Weltmarktes für diese Teilsektoren und des EU-Marktes zu analysieren und die wichtigsten Akteure auf dem EU-Markt zu ermitteln. Auch für die qualitative Bewertung wurden die vierstelligen Handelsstatistiken des georgischen Statistikamtes (http://www.geostat.ge) verwendet.

Ursprünglich wurden Nicht-Agrar-Produktgruppen auf der Grundlage der oben genannten Methodik definiert; die Ergebnisse der 13 (vierstelligen) Produktgruppen sind in Anhang 1 dargestellt; nach sorgfältigen Berechnungen wurde die Zahl der Gruppen auf 6 (vierstellige) Produktgruppen reduziert; die Ergebnisse sind in Anhang 2 dargestellt.

1.3. Definieren Sie Einstiegsstrategien und Einstiegsmodi.

Welche Strategien könnten georgische Unternehmen anwenden, die in diesen Produktgruppen 2603;7108;7202;7207;7304 tätig sind? Es sollte erwähnt werden, dass georgische Unternehmen bei der Definition von Strategien für den Eintritt in den Exportmarkt eingeschränkt sind. Das Uppsala-Modell konnte von georgischen Unternehmen aufgrund der sehr geringen Größe des georgischen Marktes nicht angewendet werden, so dass georgische Unternehmen global mit allen Vor- und Nachteilen geboren sind. Georgische Unternehmen haben eine lange Tradition im Export auf die GUS-Märkte. Leider sind die Unterschiede zwischen dem GUS- und dem EU-Markt sehr groß. Die Märkte der GUS-Länder mit ihren hohen staatlichen Auflagen und der Korruption sind völlig anders als die der EU.

EU-Markt. Auch der Transfer von Wissen vom GUS-Markt auf den EU-Markt ist nicht möglich. Daher sollten georgische Unternehmen die effektivsten Strategien ermitteln, um die Möglichkeiten des EU-Marktes voll auszuschöpfen. In Anlehnung an die gängige Theorie sollten georgische Unternehmen zunächst ermitteln, welche Indikatoren für ihre Entwicklung eine wichtige Rolle spielen. Zunächst definieren wir die Märkte mit der größten Größe, in jeder Gruppe 5 führende Länder, und später definieren wir die höchste Wachstumsrate (die Wachstumsrate wurde für den Zeitraum 2009-2013 definiert). Aufgrund der geringen Größe wurde die Produktgruppe 8601 von den weiteren Berechnungen ausgeschlossen. Alle Berechnungen basieren auf der gemeinsamen 4-stelligen Handelsstatistik des UNCTAD/WTO International Trade Center (ITC) (http://www.intracen.org/tradstat). Die fünf Spitzenreiter in jeder Produktgruppe sind (Berechnungen siehe Anhang 3):

Tabelle 1.1.

2603	Spanien	Deutschland	Bulgarien	Finnland	Schweden
7108	Deutschland	Italien	UK	Österreich	Niederlande
7202	Deutschland	Niederlande	Italien	Belgien	Spanien
7207	Italien	Belgien	Frankreich	Deutschland	Spanien
7304	Deutschland	Italien	UK	Frankreich	Niederlande

Die Marktgröße spielt immer eine entscheidende Rolle, wenn Unternehmen ihre Zielmärkte definieren. Dieser Ansatz ist ziemlich naiv, da die dahinter stehende Logik für alle anderen Wettbewerber die gleiche ist. Daher sind die größten Märkte auch die härtesten für den Wettbewerb. Darüber hinaus sind die größten Märkte gut strukturiert und haben klar definierte Regeln für alle Akteure. Daher ist es sinnvoll, die Märkte anhand beider Kriterien zu definieren. Aus diesen Gründen hat der Autor den Attraktivitätsindex auf der Grundlage der Marktgröße und der Wachstumsrate definiert. Der größte Markt (die Märkte wurden als Durchschnitt für den Zeitraum 2009-2013 bewertet) wurde mit 1 bewertet; alle anderen wurden als Anteil der größten Märkte bewertet. Die Ränge wurden mit 0,6 multipliziert. Der zweite Teil des Index ist die Wachstumsrate, wobei die höchste Wachstumsrate für den Zeitraum 2009-2013 als 1 eingestuft wird, alle anderen Märkte werden als Anteil der höchsten Wachstumsrate definiert. Die definierte Zahl wird mit 0,4 multipliziert. Beide Teile werden berechnet und die attraktivsten Märkte werden definiert.

Tabelle 1.2.

2603	Spanien -1	Deutschland - 0,79	Bulgarien - 0,69	Finnland - 0,462	Schweden - 0,46
7108	UK-0,94	Deutschland- 0,64	Italien-0,63	Österreich-0,34	Niederlande- 0,22
7202	Niederlande- 0,92	Deutschland- 0,91	Italien-0,77	Belgien-0,63	Spanien-0,48
7207	Italien-0,97	Frankreich-	Deutschland-	Belgien-0,62	Spanien-0,41

8

		0,76	0,66		
7304	Deutschland-0,86	UK-0,76	Italien-0,74	Niederlande-0,72	Frankreich-0,59

Es war vorhersehbar, dass die größten Märkte am attraktivsten sind, aber dennoch spielt auch die Wachstumsrate eine wichtige Rolle. Es wäre sinnvoll, zusätzliche Kriterien zur Bestimmung des Zielmarktes zu definieren. In diesem Fall wäre es wichtig, zusätzlich zu definieren, welche Art von Geschäftsbeziehungen initiiert werden sollen (B2B; B2C). Im Falle von B2C-Geschäftsbeziehungen ist die Mehrheit der europäischen Verbraucher nicht über Georgien informiert. In dieser Hinsicht sind die baltischen Staaten anders, da das Bewusstsein über Georgien in den baltischen Staaten ziemlich hoch ist. Diese Chance sollte so weit wie möglich genutzt werden. Auch Unternehmen aus den baltischen Staaten könnten als Marktanbieter für georgische Nicht-Agrarprodukte in der nordischen Gemeinschaft genutzt werden. Der Bekanntheitsgrad georgischer Produkte würde so Schritt für Schritt steigen.

Eine weitere mögliche Ressource für die Nutzung könnten Unternehmen aus den Ländern des ehemaligen Sowjetblocks sein. Nach dem gleichen Konzept könnten tschechische und slowakische Unternehmen die georgischen Produkte für Mitteleuropa vermarkten. Bulgarien könnte die gleiche Rolle für die Mittelmeergemeinschaft spielen.

Die Unterzeichnung des vertieften und umfassenden Freihandelsabkommens (DCFTA) zwischen der EU und Georgien würde die Handelsbeziehungen ankurbeln, und vor allem EU-Handelsunternehmen sollten in Georgien willkommen sein.

Die georgischen Unternehmen sollten ihre Markteintrittsstrategien auch auf der Grundlage ihrer Erfahrungen festlegen. Die neuen Exporteure sollten die wohlbekannte "sicherste" Markteintrittsstrategie anwenden. In dieser Hinsicht könnten die Märkte mit den hohen Wachstumsraten die attraktivsten für neu gegründete georgische Exporteure sein. Die georgischen Unternehmen sollten Erfahrungen auf den Exportmärkten sammeln, und daher sind die sichersten Markteintrittsmodi die vielversprechendsten. Gleichzeitig sollten sich neu gegründete georgische Exportunternehmen auf die Märkte konzentrieren, auf denen der Bekanntheitsgrad Georgiens recht hoch ist.

Exportierende Unternehmen, die über Erfahrungen auf dem EU-Markt verfügen, könnten verschiedene Ansätze verfolgen. Diese Unternehmen könnten flexibler sein und die Exporte aus Georgien nicht nur mit georgischen Produkten intensivieren. Das DCFTA bietet georgischen Unternehmen die einmalige Gelegenheit, das "Made in Georgia"-Regime zu nutzen, indem sie Produkte aus anderen Ländern reexportieren. In diesem Zusammenhang sollte auch erwähnt werden, dass die georgische Gesetzgebung eine Gewinnsteuerbefreiung für Reexportgeschäfte vorsieht. Diese Vorteile erfordern eine intensive Kommunikation mit den möglichen EU-Partnern und würden einen zusätzlichen Anreiz zur Steigerung der Exporte aus Georgien geben.

1.4. Empfehlungen

Welche Art von Empfehlungen könnten auf der Grundlage der Forschungsergebnisse vorgelegt werden?

Die klar definierte Tendenz ist, dass die Erholung in der EU langsamer verläuft als in der Welt. Diese Tatsache beweist, dass die Marktwachstumsraten in der Welt im Zeitraum 2009-2013 höher sind als in der EU. Diese Tatsache ist interessant, wenn man bedenkt, dass die Wachstumsraten des EU-Marktes im Zeitraum 2003-2008 höher waren. Trotz dieser Tatsache ist der EU-Markt immer noch einer der größten Märkte der Welt und eindeutig ein strategischer Markt für georgische Nicht-Agrarproduzenten.

In Anbetracht des niedrigen Niveaus der Zusammenarbeit zwischen der EU und Georgien sollte Georgien klar die Produktgruppen definieren, die das größte Potenzial auf dem EU-Markt haben, gleichzeitig sollten alle Arten von Hindernissen definiert werden, um potenziellen Investoren die bestmöglichen Varianten anzubieten. Es sollte erwähnt werden, dass die geringe Anzahl von Exportprodukten auch eine Rolle bei der Verhinderung von Exporten auf den EU-Markt spielt. Die Schaffung neuer Nicht-Agrarprodukte wäre das Ergebnis der ausländischen Direktinvestitionen, daher sollte die georgische Regierung die günstigsten Regelungen für potenzielle Investoren ermitteln. Aufgrund des geringen Volumens des georgischen Inlandsmarktes ist die Wirtschaft in der Größenordnung nicht lebensfähig, so dass das Uppsala-Wachstums-Exportmodell nutzlos wäre. Ausländische Investoren sollten mit Investitionen auf der grünen Wiese in die "global geborenen" Unternehmen beginnen. Diese Tatsache erhöht die Risiken und die Höhe der für die Investition benötigten Finanzmittel. Um diese Risiken zu mindern, sollte die GoG

Ausgleichsmechanismen finden, um potenzielle Investoren anzuziehen. Ein solcher Mechanismus könnte auf einem zweifachen Ansatz beruhen. Die Regierung könnte den exportorientierten Unternehmen steuerliche Anreize in Form einer regressiven Gewinnsteuer gewähren. Mit steigendem Gewinn würden exportorientierte Unternehmen einen geringeren Prozentsatz der Gewinnsteuer zahlen. Der zweite Ansatz könnte auf der Kostenteilung mit den Unternehmen beruhen, z. B. bei der Berufsausbildung: Potenzielle Investoren könnten die interessantesten Fähigkeiten ermitteln, und die Regierung würde Berufsausbildungen in diesen Bereichen anbieten.

Kapitel 2. Exportpotential georgischer Agrarprodukte auf dem EU-Markt (basierend auf Wettbewerbsvorteilen und Markteintrittsmodi)

2.1. Einführung

Mit der Unterzeichnung des vertieften und umfassenden Freihandelsabkommens mit der EU will Georgien das Exportpotenzial georgischer Produkte voll ausschöpfen. Daher sollten die Wettbewerbsvorteile der georgischen Produkte sorgfältig ermittelt werden. In mehreren Studien wurde festgestellt, dass verschiedene georgische Agrarsektoren über Wettbewerbsvorteile verfügen, wobei es sich hauptsächlich um potenzielle Vorteile handelt.

Zur Identifizierung der Wettbewerbsvorteile verschiedener georgischer Agrarprodukte haben wir die Methodik zur Bestimmung ihrer Wettbewerbsfähigkeit auf der Grundlage der wichtigsten Merkmale des Zielmarktes und der bestehenden Exportbedingungen für die Agrarprodukte angewandt.

In der ersten Stufe wurden Produktgruppen (auf der Grundlage der vierstelligen ITC-Handelsstatistik) ermittelt, die eine gute Exportleistung aufweisen, sowie Produktgruppen (auf der Grundlage derselben vierstelligen Handelsstatistik) des EU-Importmarktes, die eine hohe Wirtschaftsleistung aufweisen.

Der nächste Schritt bestand darin, einen Wettbewerbsindex zu erstellen. Der Index der Wettbewerbsfähigkeit wurde berechnet, indem das Wachstum der EU-Importe (in Prozent, multipliziert mit dem Fünffachen), der Anteil der Nicht-EU-Exporteure an den EU-Importen (in Prozent, multipliziert mit dem Fünffachen) und ihre qualitative Bewertung kombiniert wurden.

Auf der Grundlage der Forschungsergebnisse wurden in einem nächsten Schritt Markteintrittsstrategien und Markteintrittsmodi für den EU-Markt festgelegt. Die Märkte wurden sorgfältig auf der Grundlage ihrer Größe und Wachstumsrate untersucht. Alle Berechnungen wurden auf der Grundlage der 4-stelligen ITC-Handelsstatistik durchgeführt.

Der Autor verwendete dieselbe Methodik wie bei den Nicht-Agrarprodukten.

Georgien war während der Zeit der UdSSR traditionell ein Nettoexporteur von Agrarprodukten. Nach der Unabhängigkeit Georgiens stand der Agrarsektor jedoch vor dramatischen Problemen, da die traditionellen Märkte und Wertschöpfungsketten unterbrochen wurden. Nach der Unabhängigkeit kam es in Georgien zu ethnischen Konflikten und einem Bürgerkrieg.

Ab 2004 verfolgte die georgische Regierung einen "naiven" Ansatz zur Marktliberalisierung im Agrarsektor. Die georgischen Landwirte mussten mit den hoch subventionierten und/oder hoch effizienten Landwirten der benachbarten EU und anderer führender Agrarländer (Russland, China, Algerien, Marokko und Türkei) konkurrieren.

Die neue georgische Regierung schlug ein spezielles Programm zur Unterstützung der Landwirte und zum Aufbau neuer landwirtschaftlicher Betriebe vor. Gleichzeitig unternahm die georgische Regierung besondere Schritte, um die bestehenden Probleme auf dem russischen Markt zu überwinden. Gleichzeitig strebt die Regierung Georgiens die Unterzeichnung eines weitreichenden und umfassenden Freihandelsabkommens mit der EU an. Der EU-Markt für Agrarerzeugnisse ist einer der größten und am schnellsten wachsenden Märkte; bei einigen spezifischen Produktgruppen übersteigen die EU-Einfuhren 50 % der weltweiten Einfuhren. Die geografische Nähe des EU-Marktes könnte ebenfalls als zusätzlicher Vorteil angesehen werden. Somit wäre der EU-Markt ein wichtiger Zielmarkt für die georgischen Agrarerzeugnisse. Der hart umkämpfte und sehr schwierige EU-Markt für Agrarerzeugnisse erfordert einen sehr sorgfältigen und maßgeschneiderten Ansatz, um alle bestehenden oder potenziellen Vorteile zu nutzen.

2.1. Das Exportpotenzial soll voll ausgeschöpft werden.

In mehreren Studien wurde festgestellt, dass verschiedene georgische Agrarsektoren Wettbewerbsvorteile haben, wobei es sich hauptsächlich um potenzielle Vorteile handelt. (UNDP, "Assessment of the impact of potential free trade agreement between EU and Georgia", 2007. [])

Zur Identifizierung der Wettbewerbsvorteile verschiedener georgischer Agrarprodukte haben wir die Methodik zur Bestimmung ihrer Wettbewerbsfähigkeit auf der Grundlage der wichtigsten Merkmale des Zielmarktes und der bestehenden Exportbedingungen für die Agrarprodukte angewandt.

In der ersten Stufe wurden Produktgruppen (auf der Grundlage der vierstelligen ITC-Handelsstatistik) ermittelt, die eine gute Exportleistung aufweisen, sowie Produktgruppen (auf der Grundlage derselben vierstelligen Handelsstatistik) des EU-Importmarktes, die eine hohe Wirtschaftsleistung aufweisen.

Der nächste Schritt bestand darin, einen Wettbewerbsindex zu erstellen. Der Index der Wettbewerbsfähigkeit wurde berechnet, indem das Wachstum der EU-Importe (in Prozent, multipliziert mit dem Fünffachen), der Anteil der Nicht-EU-Exporteure an den EU-Importen (in Prozent, multipliziert mit dem Fünffachen) und ihre qualitative Bewertung kombiniert wurden.

Das Wachstum des EU-Importmarktes wurde für den Zeitraum zwischen 2008 und 2012 berechnet; der Anteil der Nicht-EU-Exporteure wurde für das Jahr 2012 bestimmt. Die qualitative Bewertung für georgische Agrarerzeugnisse wurde als Kombination aus zwei Teilindikatoren definiert. Der erste Teilindikator gab die bisherige Exportleistung georgischer Agrarerzeugnisse auf dem EU-Markt an. Die Nummer 2 wurde den Agrarerzeugnissen zugewiesen, die zwischen 2010 und 2012 eine stabile Exportleistung aufwiesen; die Nummer 1 wurde den Gruppen von Agrarerzeugnissen zugewiesen, die im selben Zeitraum in irgendeiner Form im Export vertreten waren. Mit der Nummer 0 wurden Gruppen ohne jegliche Exportpräsenz auf dem EU-Markt gekennzeichnet. Der zweite Teilindex gab die Exportleistung aller exportierten georgischen Agrarprodukte im Jahr 2012 an. Zu diesem Zweck wurde der Anteil der jeweiligen Produktgruppe am Gesamtexport (Produkte 01-23 des HS-Systems) von Agrarerzeugnissen für 2012 berechnet. 1 war der Satz für die Produktgruppen, die einen Anteil von bis zu 5% haben; 2 für die Produktgruppen mit einem Anteil von 5 bis 10%; 3 für die Produktgruppen mit einem Anteil von über 10%. Für alle Berechnungen wurde die gemeinsame vierstellige Handelsstatistik des UNCTAD/WTO International Trade Centre (ITC) verwendet (http://www.intracen.org/tradstat), um die Entwicklung des Weltmarkts für diese Teilsektoren und des EU-Markts zu analysieren und die wichtigsten Akteure auf dem EU-Markt zu ermitteln. Auch für die qualitative Bewertung wurden die vierstelligen Handelsstatistiken des georgischen Statistikamtes (http://www.geostat.ge) verwendet.

Die Ergebnisse der 18 (vierstelligen) Produktgruppen sind in Anhang 1 dargestellt; nach sorgfältigen Berechnungen wurde die Zahl der Gruppen auf 14 (vierstellige) Produktgruppen reduziert; die Ergebnisse sind in Tabelle 2.1 dargestellt.

Tabelle 2.1

Group digit	World import 2012 in $ thousand	World Import Growth 2008-2012	EU import 2012 in $ thousand	Share of world	EU import growth 2008-2012	EU imports from non EU countries	% in export of Georgian pr of groups 0 in 201	index of competitiveness
0102	9021295	38.70%	2971952	32.90%	12.40%	0.70%	8%	2.66
0104	933208	-32.50%	259654	28%	-16.80%	0.20%	4%	1.17
0409	1716054	37.70%	858561	50%	16.80%	51.80%	0.00%	4.43
0802	13105151	53.50%	5189456	39.60%	15.00%	71.30%	16%	9.315
0805	12773927	11.00%	6141371	48%	-11%	33.50%	1%	3.13
0810	10850765	14%	3887812	35.80%	3.10%	28.90%	1%	3.60
0811	4177773	21%	2415596	57.80%	9%	43.20%	9%	4.60
0910	1727595	23%	656589	38%	12%	42%	1%	5.70
1211	2688327	35.40%	735028	27.30%	7.60%	48.20%	0%	4.79
2009	16423346	0.30%	8941943	54.40%	-3%	38%	2%	4.75
2202	15702859	9.40%	7395213	47%	0.70%	17.70%	4%	3.92
2204	33620325	11.60%	15353568	45.70%	-5%	22%	13%	5.85
2208	29378946	23%	8859967	30%	-5.40%	19.90%	16%	5.73
2306	7032444	41.80%	3566331	50.70%	37.50%	45.80%	1%	5.17

2.2. Definieren Sie Einstiegsstrategien und Einstiegsmodi.

Welche Strategien könnten georgische Unternehmen anwenden, die in diesen Produktgruppen 0802; 0910; 2204; 2208; 2306 tätig sind? Georgische Unternehmen sollten die effektivsten Strategien ermitteln, um die Möglichkeiten des EU-Marktes voll auszuschöpfen. In Anlehnung an die allgemeine Theorie sollten georgische Unternehmen zunächst ermitteln, welche Indikatoren für ihre Entwicklung eine wichtige Rolle spielen. Zunächst definieren wir die Märkte mit der höchsten Wachstumsrate (die Wachstumsrate wurde für den Zeitraum 2008-2012 definiert). Alle Berechnungen basieren auf der gemeinsamen 4-stelligen Handelsstatistik des UNCTAD/WTO International Trade Center (ITC) (http://www.intracen.org/tradstat). Die drei Spitzenreiter in jeder Produktgruppe sind (alle technischen Berechnungen finden sich in den Anhängen):

Tabelle 2.2

0802	Schweden - 46%	Niederlande -44%	Finnland -44%
0910	Litauen-86%	Portugal-74%	Polen - 71%
2204	Litauen - 150%	Tschechisch - 12%	Slowakei - 10%
2208	Malta - 50%	Niederlande -47%	Litauen - 44%
2306	Litauen - 86%	Slowakei - 43%	Deutschland - 31%

Die Marktwachstumsrate ist ein recht wichtiger Indikator, kann aber nicht als einziger Indikator verwendet werden. Die Marktgröße spielt immer eine entscheidende Rolle, wenn Unternehmen ihre Zielmärkte definieren. Der größte Markt (die Märkte wurden als Durchschnitt des Zeitraums 2008-2012 bewertet) wurde auf Platz 1 eingestuft; alle anderen wurden als Anteil der größten Märkte eingestuft. Die Ränge wurden mit 0,6 multipliziert. Der zweite Teil des Index ist die Wachstumsrate, wobei die höchste Wachstumsrate für den Zeitraum 2008-2012 als 1 eingestuft wird, alle anderen Märkte werden als Anteil der höchsten Wachstumsrate definiert. Die definierte Zahl wird mit 0,4 multipliziert. Beide Teile werden berechnet und die attraktivsten Märkte werden definiert.

Tabelle 2.3.

0802	Deutschland - 0,91	Italien - 0,66	Spanien -0,56
0910	Niederlande - 0,92	Deutschland-0,89	UK- 0,85
2204	UK - 0,75	Italien - 0,63	Belgien - 0,58
2208	Deutschland - 0,9	Frankreich - 0,77	Spanien - 0,72
2306	Niederlande - 0,68	Polen - 0,53	Spanien - 0,42

Es war absehbar, dass die größten Märkte am attraktivsten sind. Es wäre sinnvoll, zusätzliche Kriterien zur Bestimmung des Zielmarktes festzulegen. Das Markenbewusstsein könnte eine wichtige Rolle spielen, und im Falle georgischer Unternehmen sollte das Markenbewusstsein durch das Staatsbewusstsein ersetzt werden. Die Unterzeichnung des vertieften und umfassenden Freihandelsabkommens (DCFTA) zwischen der EU und Georgien würde die

Handelsbeziehungen ankurbeln, und vor allem sollten EU-Handelsunternehmen in Georgien willkommen geheißen werden.

Die georgischen Unternehmen sollten ihre Markteintrittsstrategien auch auf der Grundlage ihrer Erfahrungen festlegen. Die neuen Exporteure sollten die wohlbekannte "sicherste" Markteintrittsstrategie anwenden. In dieser Hinsicht könnten die Märkte mit den hohen Wachstumsraten die attraktivsten für neu gegründete georgische Exporteure sein. Die georgischen Unternehmen sollten Erfahrungen auf den Exportmärkten sammeln, und daher sind die sichersten Markteintrittsmodi die vielversprechendsten. Gleichzeitig sollten sich neu gegründete georgische Exportunternehmen auf die Märkte konzentrieren, auf denen der Bekanntheitsgrad Georgiens recht hoch ist.

2.3. Empfehlungen

Welche Art von Empfehlungen könnten auf der Grundlage der Forschungsergebnisse vorgelegt werden?

- Der EU-Markt ist nach wie vor einer der größten Märkte der Welt und für die georgischen Agrarproduzenten eindeutig von strategischer Bedeutung.

-In Anbetracht der Entfernung und der Verkehrsinfrastruktur zwischen der EU und Georgien sollte Georgien Erzeugnissen mit langer Haltbarkeit Vorrang einräumen, was natürlich auf verarbeitete, konservierte, getrocknete oder gefrorene Erzeugnisse zutrifft.

-Ein weiteres Problem für die Exporte der georgischen Agrarprodukte ist ihr geringer Umfang. Die Regierung sollte Wege finden, die Zusammenarbeit zu fördern und so die Produktivität des Agrarsektors zu steigern.

-Die Unterstützung für georgische Landwirte könnte auf einem zweifachen Ansatz beruhen: Eine grundlegende Unterstützung würde allen Landwirten gewährt, z. B. in Form von Marktinformationen, Zugang zu günstigen Krediten und technischer Unterstützung; zusätzliche Unterstützung würde Landwirten gewährt, die mit den vielversprechendsten Agrarproduktgruppen arbeiten. Eines der Hauptkriterien für die Bestimmung der vielversprechendsten Agrarproduktgruppen sollte die Offenheit des EU-Marktes sein. Diese Strategie würde es den georgischen Agrarproduzenten ermöglichen, mit Nicht-EU-Produzenten zu konkurrieren, so dass das DCFTA eine entscheidende Rolle beim Aufbau und der Erhaltung von Wettbewerbsvorteilen spielen würde. Die georgische Regierung sollte ein spezielles Investitionsschutzprogramm für Investoren aus der EU mit zusätzlichen Vorteilen für Investoren im Agrarsektor einführen.

-Werbung für georgische Agrarprodukte könnte mit speziellen touristischen und kulturellen Aktivitäten verbunden werden. Die Verbraucher in der EU sollten über Georgien Bescheid wissen, wodurch der Bekanntheitsgrad georgischer Produkte erhöht würde. Auch sollte die Einrichtung spezieller Websites in Betracht gezogen werden, um das Bewusstsein der EU-Verbraucher zu erhöhen. Die besten Unternehmen des elektronischen Handels in der EU sollten angeworben werden, um georgische Agrarprodukte zu verkaufen oder sogar für sie zu werben.

-Die georgische Regierung sollte ein neues Besteuerungsmodell für die Gewinnsteuer entwickeln, z.B. ein regressives Modell. Regressive Gewinnsteuer bedeutet, dass der Steuersatz sinkt, wenn der Gewinn steigt. Diese Initiativen könnten die Attraktivität der georgischen Agrarerzeugnisse für EU-Investoren wirklich erhöhen.

-Die georgische Regierung könnte eine besondere Veranstaltung für die führenden und nicht nur für die Agrarhandelsunternehmen aus der EU organisieren; den Großhandelsunternehmen sollte Vorrang eingeräumt werden;

-Spezielle georgische Wochen sollten in den Zielmärkten organisiert werden; wenn z.B. Handelsunternehmen aus den baltischen Staaten beginnen, georgische Produkte in die nordischen Länder zu reexportieren, wäre es sinnvoll, georgische Wochen in den nordischen Staaten zu organisieren.

-Für Agrotouristen sollten besondere Präferenzen eingeführt werden.

Kapitel 3. Wettbewerbsfähigkeit und Exportpotenzial georgischer Produkte auf dem EU-Markt

3.1. Bewertung des Exportpotenzials

Exportpotenzial kann als die Möglichkeit definiert werden, Produkte im Ausland zu verkaufen, was wiederum die Verwirklichung der Unternehmensziele ermöglicht. Der Verkauf auf den Exportmärkten kann mit verschiedenen Faktoren verbunden sein: Diversifizierung der Verkäufe, Umsatzwachstum, Suche nach neuen Möglichkeiten für höhere Gewinnspannen usw. Es ist anzumerken, dass unter den heutigen Umständen der Export immer mehr zu einem virtuellen Begriff wird. Selbst wenn die Unternehmen auf dem heimischen Markt verkaufen, müssen sie sich dem internationalen Wettbewerb stellen, was ihnen zusätzliche Anreize für die Erschließung von Exportmärkten gibt. Wenn man auf dem heimischen Markt internationale Konkurrenten hat, ist es einfacher und weniger gefährlich, auf ausländischen Exportmärkten zu konkurrieren. Wenn wir über das Exportpotenzial sprechen, betonen wir zunehmend, wie hoch der tatsächliche Exportumsatz ist und wie hoch er sein sollte. Der Index der Handelsintensität [1] sollte als Analyseinstrument zur Bewertung des Exportpotenzials eines Landes oder einer Gruppe von Ländern verwendet werden. Der Index I_{ij} wird auf der Grundlage der Exporte des Landes X_{ij} - I in das Land j, der Gesamtexporte des Landes X_{ij} - I, der Gesamteinfuhren des Landes M_j -j und der Einfuhren der Welt M definiert. $I_{ij} = (X_{ij}/X_i)/(M_{ij}/M)$. Wenn I_{ij} größer als 1 ist, bedeutet dies, dass Ihr Handelspartner für Sie wichtiger ist als Sie für den Handelspartner. Wenn I_{ij} gleich 1 ist, entsprechen Ihre Ausfuhren Ihrem Exportpotenzial und dem Importpotenzial des Partners. Wenn I_{ij} kleiner als 1 ist, wird Ihr Exportpotenzial nicht ausreichend genutzt. Das unzureichend genutzte Exportpotenzial kann als die Differenz zwischen den Exporten bei I_{ij} gleich 1 und den tatsächlichen Exporten definiert werden. Man betrachte nur die geographische Lage der georgischen Exporte, um den Handelsintensivierungsindex zu bewerten.

Tabelle 3.1. Exportgeographie Georgiens mit den wichtigsten Handelspartnern, in Tausend $.

	2012	2013	2014
Exportieren	2,376,154.6	2,909,515.6	2,860,670.6
Ausfuhr in die EU	352,901.4	607,113.3	624,085.6
Ausfuhr in die GUS	1,244,428.0	1,620,371.0	1,465,185.0
Weltweite Einfuhr	18,396,443,887.0	18,707,757,342.0	18,790,852,345.0
Einfuhr in die EU	5,830,443,887.0	5,885,565,636.0	5,982,366,353.0
Einfuhr in die GUS	546,803,748.0	542,739,726.0	481,898,102.0

Quelle: Georgian National Statistical Service, International Trade Center, Der georgische Handelsintensivierungsindex für die EU beträgt demnach:

2012 - 0,47; 2013 - 0,66; 2014- 0,69.

Der gleiche Index für die GUS entspricht in: 2012 - 17,5; 2013 - 19,2; 2014 - 19,7.

Auf der Grundlage der Berechnungen können wir leicht feststellen, dass die GUS der wichtigste Exportpartner für Georgien ist, in Bezug auf die EU können wir das unausgeschöpfte Exportpotenzial wie oben definiert definieren. Also ungenutztes Exportpotential für die EU 2012 - 400 Mio. $; 2013- 310 Mio. $; 2014- 285 Mio. $.

Die Ausschöpfung des Exportpotenzials in der EU hängt vollständig von dem zwischen der EU und Georgien unterzeichneten DCFTA ab. Für die weitere stabile wirtschaftliche Entwicklung Georgiens braucht Georgien ein beschleunigtes Wachstum der Exporte auf dem EU-Markt. Selbst die volle Ausschöpfung des Exportpotenzials auf dem EU-Markt könnte die Probleme des georgischen Handelsdefizits nicht lösen. Die Lösung dieses Problems liegt in der Schaffung neuer Exportprodukte. Daher müssen wir die georgischen Exporte in jedem EU-Mitgliedstaat überprüfen.

Tabelle 3.2. Georgische Exporte in die EU-Mitgliedstaaten, in Tausend $. []

	2014			2014			2014			2014	
	abs..	%		abs.	%		abs.	%		abs.	%
Ausfuhr insgesamt	2.861.18 9	100	Ausfuhr insgesamt	2.861.18 9	100	Ausfuhr insgesam t	2.861.18 9	100	Ausfuhr insgesamt	2.861.18 9	100
Bulgarien	164,000	0,0 6	Frankreich	26882	0,01	Österreic h	4,836	0,001	Slowenien	0,596	0,000 2
Italien	86,193	0,0 3	UK	24,671	0,01	Rumänie n	4,294	0,001	Zypern	0,537	0,000 2
Spanien	70,314	0,0 2	Tschechisch	14,165	0,00 5	Estland	2,501	0,000 8	Schweden	0,261	0,000 1
Deutschlan d	69,142	0,0 2	Griechenlan d	13,752	0,00 5	Portugal	1.816	0,000 6	Kroatien	0,191	0,000 1
Belgien	41,675	0,0 1	Slowakei	11,198	0,00 4	Dänemar k	1,053	0,000 4	Irland	0,155	0,000 1
Litauen	31,764	0,0 1	Polen	10,091	0,00 4	Ungarn	0,777	0,000 3	Malta	0,053	0,000 1
Niederland e	31,169	0,0 1	Lettland	8,047	0,00 3	Finnland	0,659	0,000 2	Luxemburg h	0	0

Um den Index der Handelsintensität mit jedem Mitgliedstaat zu bestimmen, sollten wir auch die Importzahlen der EU-Mitgliedstaaten überprüfen.

Tabelle 3.3. Einfuhr nach EU-Mitgliedstaaten[3]

	2014			2014	
	abs.	%		abs.	%
Weltweite Einfuhren	18,740071,180	100	Weltweite Einfuhren	18,740071,180	100
Bulgarien	34,740,042	0,002	Österreich	172,447,474	0,009

Italien	·471,659,530	0,025	Rumänien	77,889,071	0,004
Spanien	350,977,773	0,019	Estland	20,126,289	0,001
Deutschland	1,223836,593	0,065	Portugal	78,132,909	0,004
Belgien	452,772,541	0,024	Dänemark	99,027,581	0,005
Litauen	35,217,367	0,002	Ungarn	103,201,332	0,005
Niederlande	508,438,214	0,027	Finnland	76,566,933	0,004
Frankreich	659872076	0,035	Slowenien	30,049,306	0,002
UK	694,823,238	0,037	Zypern	6,812,795	0,0004
Tschechisch	152,004,089	0,008	Schweden	162,451,789	0,008
Griechenland	62,180,636	0,003	Kroatien	22,906,873	0,001
Slowakei	77,596,012	0,004	Irland	71,049,043	0,003
Polen	216,687,292	0,012	Malta	8,445,209	0,0004
Lettland	16,798,359	0,0008	Luxemburgh	-	-

Auf der Grundlage der in den obigen Tabellen aufgeführten Zahlen wurde der Index der Handelsintensität mit den einzelnen Mitgliedstaaten berechnet (der Klarheit halber sollte erwähnt werden, dass Luxemburg nicht berücksichtigt wurde, da Georgien keine Ausfuhren in diesen Staat getätigt hat): 1. Bulgarien -30,2; 2. Italien - 1,2; 3. Spanien - 1,05; 4. Deutschland - 0,3; 5. Belgien - 0,42; 6. Litauen L L- 5; 7. Niederlande - 0,37; 8. Frankreich - 0,29; 9. Vereinigtes Königreich - 0,27; 10. Tschechien - 0,63; 11. Griechenland - 1,7; 12. Slowakei - 1; 13. Polen - -0,21; 14. Lettland - 3,75; 15. Österreich -0,11; 16. Rumänien -0,25; 17. Estland - 0,8; 18. Portugal - 0,15; 19. Dänemark -0,08; 20. Ungarn -0,06; 21. Finnland - 0,05; 22. Slowenien -0,1; 23. Zypern - 0,5; 24. Schweden - 0,01; 25. Kroatien -0,1; 26. Irland - 0,03; 27. Malta - 0,25.

Nach dem Handelsintensivierungsindex: Bulgarien, Italien, Spanien, Litauen, Griechenland, Lettland sind die wichtigsten Handelspartner (Exportmärkte) für Georgien, mit der Slowakei hat Georgien ein adäquates Exportniveau erreicht, aber in anderen EU-Staaten wird das Exportpotential nicht ausreichend genutzt.

3.2. **Exportähnlichkeit (Kinker-Freinin-Index)** Auf der nächsten Stufe der Untersuchung werden nur die Staaten berücksichtigt, in denen der Handelsintensivierungsindex kleiner als 1 ist. Um die besten Wege für die weitere Nutzung des Exportpotenzials zu definieren, haben wir die Exportähnlichkeiten überprüft. Diese Ähnlichkeiten werden durch den Kinker-Freinin-Index bewertet. Der Index ist definiert als S=E min([Xia/EXia],[Xib/EXib]), wobei Xia der Exportanteil von I-Produkten an den Gesamtexporten des Landes a ist, während Xib die gleiche Zahl für das Land b ist. Der Index dient dazu, die Ähnlichkeit der Ausfuhren zwischen zwei Ländern zu ermitteln. Wenn die Ähnlichkeit gleich ist, ist der Index gleich 1 oder 100 (wenn man in Prozenten misst), und wenn er völlig unterschiedlich ist, ist er gleich 0. Für unsere Untersuchung haben wir 10 Produktgruppen definiert, die für die georgischen Exporte die wichtigsten sind. Insgesamt machen diese 10 Gruppen 62,9% der georgischen Exporte aus, so dass die Gesamtähnlichkeit 62,9% betragen könnte. Exportähnlichkeiten bieten die Möglichkeit, die wirtschaftliche Integration auf der Grundlage der Spezialisierung zu erhöhen. Eine weitere Spezialisierung bringt zusätzliche Vorteile für die Wirtschaft.

Wie bereits erwähnt, haben wir die 10 Produktgruppen (Hauptexportprodukte für 2014) auf der Grundlage der vierstelligen HS-Ebene überprüft; diese Produktgruppen sind: 8703; 7202; 2603; 0802; 2204; 3102; 2201; 2208; 3004; 7214.

Tabelle 3.4. Die wichtigsten georgischen Exportproduktgruppen und ihr Anteil an den georgischen Exporten sowie der Anteil der gleichen Produktgruppen an den Gesamtexporten der EU-Mitgliedstaaten (Angaben in Tausend $ und in Prozent) [2,3]

	8703	7202	2603	0802	2204	3102	2201	2208	3004	7214
Georgia	517,8- 18%	285,8- 10%	248,0- 8,7%	183,4-6,4%	180,4- 6,3%	137,6- 4,8%	137,1- 4,8%	95,2- 3,3%	92,1- 3,2%	63,7- 2,2%
Germany	160,0 50.7- 10,6%	409,0- 0,02%	24,118- 0,002%	531,578- 0,03%	1.309,113 .0-0,08%	813,960 -0,05	117,676 -0,007%	1,656,34 9.0 — 0,1%	51,595,49 9. -3,4%	819,793 -0,05%
Belgiume	30,28 8,698- 6,4%	705,342 -0,14%	0,0008- 0%	4,188,148- 0,9%	0,1697- 0,03%	1,143,4 82-0,2%	0,28416 2- 0,006%	0,284158 -0,006	30,345,87 0-6,4%	0,10460 0-0,02%
Netherlands	4,464, 903-	1,157,9 48-0,2%	0,139022- 0%	0,347512- 0,06%	0,301424- 0,05%	1,552,1 74-0,3%	0,0318- 0%	0,869340 -0,15%	15,865,44 8-2,7%	0,06714 2-0%

	0,9%									
France	19,19 2,656- 3,3%	0,31559 3-0,05%	0,0001- 0%	0,231461- 0,04%	10,262,28 5-1,8%	0,25657 6-0,04%	0,91446 5-0,16%	4,628,11 7-0,8%	25,725,38 4-4,5%	0,55882 8-0,09%
UK	42,36 5,027- 8,2%	0,39739 1-0,07%	0,0000002 -0%	0,062362- 0,01%	0,754258- 0,14%	0,07159 8-0,001%	0,06090 8-0,001%	8,352,22 4-1,6%	23,429,62 4-4,6%	0,29039 2-0,005%
Czech	17,76 7,185- 10,2%	0,145- 0,08%	0-0%	0,0345- 0,01%	0,0424- 0,02%	0,1422- 0,08%	0,0255- 0,01%	0,098- 0,005%	1,894,303 -1,0%	0,2898- 0,16%
Poland	6,554, 666- 3,0%	0,249- 0,1%	0,051- 0,02%	0,0197- 0,009%	0,010- 0,004%	0,533- 0,24%	0,019- 0,009%	0,210- 0,098%	3,171,807 -1,5%	0,501- 0,2%
Austria	5,625, 546- 3,3%	0,005- 0%	0-0%	0,0329- 0,02%	0,1937- 0,1%	0,025- 0,001%	0,0197- 0,001%	0,100- 0,05%	5,879,789 -3,5%	0,1787- 0,1%
Romania	3,974, 008- 5,7%	0,055- 0,08%	0,047- 0,07%	0,079-0,1%	0,023- 0,03%	0,3197- 0,5%	0,00000 8-0,001%	0,000004 -0%	1,068,539 -1,5%	0,0569- 0,08%
Estonia	0,363- 2%	0,032- 0,2%	0-0%	0,004- 0,02%	0,020- 0,1%	0,002- 0,009%	0,002- 0,001%	0,1907- 1%	0,065- 0,3%	0,012- 0,07%
Portugal	2,629, 537- 4%	0,085- 0,001%	0,4305- 0,6%	0,1057- 0,2%	0,968- 1,5%	0,069- 0,1%	0,021- 0,03%	0,056- 0,08%	1,005,295 -1,6%	0,604- 0,9%
Denmark	0,658- 0,6%	0,00000 7-0%	0,0000000 1-0%	0,000001=0 %	0,165- 0,15%	0,04- 0,03%	0,016- 0,001%	0,142- 0,1%	3,228,025 -2,9%	0,068- 0,06%
Hungary	10,99 2,250- 9,78%	0,0002- 0%	0-0%	0,0291- 0,002%	0,095- 0,08	0,1658- 0,14%	0,00000 7-0%	0,01- 0,009%	3,710,492 -3,3%	0,111- 0,09%
Finland	1,458, 963- 2%	0,285- 0,4%	0-0%	0,000002- 0%	0,0215- 0,03%	0,002- 0%	0,032- 0%	0,146- 0,2%	0,835- 1,1%	0,031- 0,4%
Slovenia	2,610, 522- 8,5%	0,043- 0,1%	0-0%	0,000001- 0%	0,000017- 0,05%	0,00000 3-0%	0,00000 2-0,06%	0,000001 4-0,006	2,873,744 -9,4%	0,00000 2-0,06%
Cyprus	0,022- 1,2%	0-0%	0-0%	0,0003- 0,001%	0,0020,01 %	0-0%	0,0003- 0,001%	0,026- 1,4&	0,2926- 15,4%	0-0%
Sweden	4,928, 089- 3%	0,159- 0,09%	0-0%	0,012- 0,007%	0,031- 0,02%	0,112- 0,06%	0,006— 0,003%	0,581- 0,35%	6,352,850 -3,9%	0,045- 0,02%
Croatia	0,088- 0,6%	0,0002- 0%	0-0%	0,0002- 0,016%	0,0016- 0,1%	0,223- 1,6%	0,015- 0,1%	0,018- 0,13%	0,489- 3,5%	0,0157- 0,1%
Ireland	0,045- 0,04%	0-0%	0,000003- 0%	0,000001- 0%	0,000003- 0%	0,011- 0,008%	0,01- 0,007%	0,851- 0,7%	19,662,21 9-16,7%	0,028- 0,02%
Malta	0,019- 0,3%	0-0%	0-0%	0-0%	0,00011- 0,002%	0-0%	0-0%	0-0%	0,328- 6,6%	0-0%

Auf der Grundlage der in Tabelle 3 dargestellten Zahlen haben wir den Kinker-Freinin-Index für Georgien und 20 EU-Mitgliedstaaten berechnet. Die Ergebnisse sind: 1. Deutschland - **14.139**; 2. Belgien- 11.102; 3. Niederlande -4,36; 4. Frankreich -9,28; 5. UK-13,**23**; 6.

Tschechien - 11,61; 7. Polen - 5,18; 8. Österreich- 6,79; 9. Rumänien -8.07; 10. Estland- 3,7; 11. Portugal- 9.0; 12. Dänemark -3,8; 13. Irland- 4; 14. Malta- 3,5; 15. Ungarn- 13,3; 16. Finnland- 4,17; 17. Slowenien- 12; 18. Zypern -6; 19. Schweden -6,75; 20. Kroatien -6.

Wie vorhergesagt, sind die Exportähnlichkeiten sehr gering, da das höchste Ergebnis 14,139 beträgt. Daraus ist zu schließen, dass die Vorteile der Ausfuhrähnlichkeiten zu schwer zu erzielen sind. Für weitere Untersuchungen sollten wir andere Optionen definieren.

3.3. Brancheninterner Handel (Grubel-Lloyd-Index)

Um weitere Möglichkeiten für die Nutzung des Exportpotenzials zu finden, führen wir die Untersuchung mit den drei Staaten durch, die die höchsten Werte nach dem Kinker-Freinin-Index aufweisen. Diese Staaten sind: Deutschland, Großbritannien und Ungarn. Wir beschließen, den IIT zwischen Georgien und diesen Staaten zu untersuchen. Zu diesem Zweck werden wir den Grubel-Lloyd-Index untersuchen, der das Niveau der IIT in drei möglichen Richtungen identifiziert: a) IIT auf der Grundlage von Produkten gleicher Qualität und Quantität; b) Austausch von Produkten unterschiedlicher Qualität und Quantität; c) die Möglichkeit zur Schaffung einer Wertschöpfungskette (vertikale Integration). Der Grubel-Lloyd-Index ist definiert als $GL_i=1-[(X_{ia}-M_{ib})/(X_{ia}+M_{ib})]$, wobei X_{ia} - Produktexport von einem Staat nach Staat b, M_{ib} - Produkteinfuhren eines Staates aus Staat b. Der Klarheit halber haben wir dieselben Exportproduktgruppen wie im Fall des Kinker-Freinin-Index betrachtet.

Auf der Grundlage des Vorschlags, dass im Falle eines niedrigen Niveaus von Exportähnlichkeiten auch das IIT niedrig sein sollte, erhalten wir absolut vorhersehbare Ergebnisse.

Tabelle 3.5. Grubel-Lloyd-Index für Georgien mit Deutschland, Großbritannien und Ungarn

	Deutschland	UKUK	Ungarn
8703	0,003	0,001	0,0
7202	0,0	0,0	0,0
7214	0,0	0,0	0,0
2603	0,0	0,0	0,0
0802	0,03	0,0	0,0

2201	0,49	0,0	0,0
2204	0,007	0,17	0,0
2208	0,01	0,001	0,0
3004	0,0	0,0008	0,0
3102	0,0	0,0	0,0

Nur in einer Produktgruppe und nur mit einem Staat (Deutschland) zeigt das IIT einige positive Ergebnisse und ermöglicht so eine weitere Zusammenarbeit.

Daher müssen wir andere Optionen prüfen, um das Exportpotenzial zu erhöhen. Unter diesem Gesichtspunkt wird das Exportpotential verschiedener Produkte aus unterschiedlichen Perspektiven betrachtet. Die Analyse sollte mit den bestehenden Exportprodukten beginnen, auf die drei verschiedene Ansätze angewandt werden sollten: a) Intensivierung des Verkaufs auf den bestehenden Märkten; b) Verkauf auf neuen Exportmärkten; c) Herstellung von Produkten mit höherem Mehrwert aus bestehenden Exportprodukten.

Die Intensivierung des Absatzes auf den bestehenden Exportmärkten sollte auf der Positionierung in den höherpreisigen Nischen beruhen. Diese Methode verursacht hohe Zusatzkosten und könnte für Produkte mit Differenzierungspotenzial eingesetzt werden. Von allen georgischen Exportprodukten hat Wein definitiv dieses Potenzial. Für georgische Weine sollten die Möglichkeiten des Aufbaus von Ketten georgischer Restaurants in Betracht gezogen werden. Diese Methoden sind gut entwickelt und haben sich in der Praxis bereits als effizient erwiesen.

Der Absatz kann auf neuen Märkten wachsen, wenn die Kostenstruktur der Exportprodukte Größenvorteile aufweist. In der Regel ist diese Methode mit den präferenziellen Handelsregelungen verbunden. Für Georgien wäre es daher wichtig, die Gespräche mit den USA im Hinblick auf die Schaffung eines Freihandelsregimes zwischen den beiden Ländern zu intensivieren. Der gleiche Ansatz sollte für die Mitgliedsstaaten des Golf-Kooperationsrates gelten. Eines der Hauptmerkmale des georgischen Exportpotentials ist die geringe Menge der exportierten Produkte. Dies führt zu objektiven Schwierigkeiten bei der Erschließung neuer Exportmärkte. Darüber hinaus sollte auch eine andere Möglichkeit in Betracht gezogen werden - nämlich der Verkauf von Exportprodukten auf den neuen

Exportmärkten in den höheren Preisnischen im Vergleich zu den bestehenden Märkten.

Die Produktion von Exportprodukten mit höherer Wertschöpfung ist in allen Bereichen möglich, wobei Weine ausgeschlossen werden könnten. Das Hauptproblem bei diesem Ansatz ist die Neuausrichtung der Märkte. Daher sollten spezifische Anreize geschaffen werden. Die Regierung sollte die Schaffung von Exportallianzen anregen, die eine gut entwickelte Methode zur Intensivierung der Produktion von Exportprodukten mit hoher Wertschöpfung sind.

Das größte und lang anhaltende Problem für die georgischen Exporte ist das niedrige Niveau der exportierten Produkte. Dies bedeutet ein niedriges Innovationsniveau in der georgischen Wirtschaft. Es sollte erwähnt werden, dass das niedrige Innovationsniveau in der georgischen Wirtschaft durch verschiedene Studien und internationale Indizes belegt wurde. Das Problem ist von Natur aus komplex und die Lösung kann nicht kurzfristig gefunden werden. Es könnten einige praktische Schritte unternommen werden. Zum Beispiel könnte man mit dem Export von Produkten beginnen, die auf dem heimischen Markt angeboten werden; dieser Ansatz ist unter dem "Uppsala-Modell"(2) bekannt. Aber aufgrund des geringen Potenzials des georgischen Marktes könnte dieser Ansatz nicht effektiv sein. Georgien muss einen anderen Ansatz verfolgen, der mit der Einrichtung von Exportmanagementgesellschaften verbunden ist. Diese könnten die Produkte mit dem größten Exportpotenzial identifizieren. Gleichzeitig sollten spezielle Anreize für die Exportförderung definiert werden. Außerdem sollten wir die Ansätze für die Produkte festlegen, die nicht in Georgien hergestellt werden, aber hergestellt werden könnten und ein Exportpotenzial hätten. Bei diesem Ansatz wären die Hauptakteure die Investoren. Um Investoren anzulocken, wäre es sinnvoll, besondere Anreize für Investoren zu schaffen, z.B. eine Gewinnsteuerbefreiung für einen Zeitraum von 10 Jahren für die Produktion der neuen Exportprodukte.

3.4. Verwaltung des Exportpotenzials

Durch die Analyse der theoretischen und praktischen Informationen konnten zwei Haupthebel für die Verwaltung des Exportpotenzials identifiziert werden: Recht und Information. Der Hebel "Recht" sollte weiter unterteilt werden in die Unterbereiche "Steuern", "Organisation" und "Spezifisches".

Das Steuersystem könnte weiter in allgemeine und spezifische Aktivitäten untergliedert werden. Zu den allgemeinen Anreizen könnte das neue Steuersystem für alle

27

exportorientierten Unternehmen gehören, das heißt die Einführung eines regressiven Modells der Gewinnsteuer. Dies wäre ein guter Anreiz für die exportorientierten Unternehmen und könnte auch ein attraktiver Indikator für Investoren sein. Im Rahmen spezifischer Anreize könnten wir eine Sonderbesteuerung (Gewinnsteuerbefreiung) für die spezielle Gruppe der Exportprodukte einführen. Diese Art von Steuersystemen ist in Georgien nicht neu, da wir eine Steuerbefreiung für Reexportgeschäfte haben. Die georgische Regierung sollte die Liste der neuen Exportprodukte festlegen, die unter die neuen Steueranreize fallen würden.

Unter organisatorischen Aspekten könnten wir alle Exportförderungsaktivitäten betrachten. Dazu gehören in erster Linie alle Aktivitäten zur Erleichterung von Exportgeschäften. Als Maßstab könnte man die Ausgaben für die Exportabfertigung in einem Container verwenden. Das Ziel wäre also, diese Ausgaben zu minimieren. Als nächstes sollten die Aktivitäten zur Schaffung von Exportallianzen genannt werden. Wie bereits oben erwähnt, könnten Exportallianzen eine wichtige Rolle bei der Herstellung von Exportprodukten mit hohem Mehrwert spielen. Die Regierung sollte klare Verfahren für die Gründung und Besteuerung von Exportallianzen einführen.

Im Rahmen der spezifischen Ausrichtung könnten wir gut entwickelte Exportversicherungsmethoden in Betracht ziehen. Gleichzeitig könnten wir auch andere Aktivitäten in Erwägung ziehen, wie z.B. Factoring für Exportgeschäfte, Leasing, usw. Diese Aktivitäten würden den Exporteuren die Möglichkeit geben, wettbewerbsfähigere Preise zu erzielen.

Der Hebel des Informationsmanagements für das Exportpotential könnte ein sehr mächtiges Instrument im internationalen Wettbewerb sein. Der Informationshebel könnte in die Bereitstellung von Exportinformationen, die Organisation von Exportschulungen, die Organisation von Handelsmissionen und die Kostenbeteiligung der exportierenden Unternehmen für die Teilnahme an Handelsmessen unterteilt werden. Leider ist der Einsatz des Informationshebels ohne eine klar definierte Exportentwicklungsstrategie mit eindeutigen Angaben zu den sektoralen/Marktprioritäten weniger effizient. Die Exportentwicklungsstrategie sollte auf klaren Wettbewerbsvorteilen beruhen. Nur in diesem Fall kann die Exportentwicklungsstrategie wirksam sein. Daher sollten wir verschiedene Faktoren des Wettbewerbsvorteils berücksichtigen.

3.5. Wettbewerbsvorteil

Der Wettbewerbsvorteil ist eine klar definierte Kategorie. Der Klarheit halber stützen wir uns auf die Definition von Schumpeter, die den Wettbewerbsvorteil in einem dynamischen Kontext verdeutlicht ().

Strategische und taktische Faktoren des Wettbewerbsvorteils sind sehr wichtig. Es wäre besser zu definieren, welche Vorteile der Inhaber eines strategischen Wettbewerbsvorteils erhalten könnte. Der Grund dafür ist ganz einfach: Die Faktoren variieren von Branche zu Branche und ändern sich im Laufe der Zeit. Strategische Faktoren des Wettbewerbsvorteils bieten Unternehmen die Möglichkeit, langfristig höhere Gewinne als der Branchendurchschnitt zu erzielen.

Der Zeitraum ist ein wichtiger Faktor bei der Unterscheidung zwischen taktischen und strategischen Faktoren. Taktische Faktoren sind von Natur aus kurzfristig und konzentrieren sich hauptsächlich auf die aktuelle Marktsituation. Taktische Faktoren bestimmen den besten Zeitpunkt und die beste Art des Eintritts in den Exportmarkt, während strategische Faktoren langfristige, für beide Seiten vorteilhafte Beziehungen definieren.

Was könnten neben dem Zeitraum weitere Merkmale für die Unterscheidung zwischen strategischen und taktischen Faktoren sein? Wir könnten mehrere Faktoren definieren: kostengünstige Ressourcen, bessere Handelsregelungen, fortschrittlichere Arbeitskräfte, hohes Innovationsniveau in der Organisation usw. Wir schlagen vor, zwei Merkmale zu verwenden: Zeit und Kosten für die Imitation, die es uns ermöglichen, strategische und taktische Faktoren zu definieren. Unter Imitation verstehen wir die Möglichkeit für den Konkurrenten, die gleichen Aktivitäten zu unternehmen, die der First Mover eingeführt hat. Die Imitationszeit kann lang- oder kurzfristig sein, die Kosten können ebenfalls hoch oder niedrig sein. Wir erhalten also vier mögliche Varianten: Imitationszeit kurz, Kosten niedrig; Imitationszeit kurz, Kosten hoch; Imitationszeit lang, Kosten niedrig; Imitationszeit lang, Kosten hoch. Die erste Variante ist die einfachste, die beiden folgenden sind schwieriger und die letzte könnte als strategisch abgeklärt werden.

Nachahmungszeitraum

kurz   lang

kurz, niedrig.	lang, niedrig.
kurz, hoch.	lang, hoch

Imitationskosten:

niedrig   hoch.

Der Zeitraum für die Nachahmung könnte wie folgt definiert werden: bis zu sechs Monate kurz, mehr als sechs Monate lang. Die Definition hängt auch von den Besonderheiten der Branche und den Produktlebenszyklen ab. Es sollte beachtet werden, dass die Zeitspanne nicht verkürzt werden kann, wenn die Kosten steigen. In der Regel besteht zwischen diesen Faktoren ein nichtlineares Verhältnis. So kann es beispielsweise erforderlich sein, die Technologie zu ändern oder die Arbeitskräfte umzuschulen. Außerdem braucht man Zeit, um die maximale Rendite aus den Investitionen in die alte Technologie zu erzielen.

Bei den Kosten könnten wir die proportionale Definition verwenden - Kosten, die weniger als 3 % höher sind, können als niedrig angesehen werden, während Kosten über 3 % als hoch angesehen würden. Es sei darauf hingewiesen, dass Kosten auf unterschiedliche Weise entstehen können: Wechsel des Lieferanten, Änderungen der Technologie, Umschulung des Personals. In einigen Fällen können Veränderungen nicht berechnet werden, da sie emotionale Faktoren beinhalten. Sie werden den Lieferanten wechseln, mit dem Sie eine langjährige Partnerschaft haben.

Im Falle von Exportmärkten gehören zu den strategischen Faktoren der Grad der Integration mit dem potenziellen Markt. Die Integration basiert sowohl auf historisch-kulturellen als auch auf politischen Faktoren. Für georgische Exporteure ist der GUS-Markt ein historisch-kultureller Faktor, während die EU als politischer Faktor definiert werden sollte. Eine weitere Integration in die EU bedeutet die Bildung einer Zollunion. Dies würde zweifelsohne das Exportpotential georgischer Produkte auf dem EU-Markt erhöhen.

Kapitel 4. Auf der Suche nach neuen Möglichkeiten: Der Versuch, chinesische Investitionen anzuziehen

4.1. Hintergrund

Seit den ersten Tagen der Unabhängigkeit Georgiens ist die Regierung bestrebt, ausländische Direktinvestitionen (ADI) ins Land zu holen. Die Bedeutung des Zuflusses ausländischer Direktinvestitionen in das Land zur Gewährleistung eines nachhaltigen Wirtschaftswachstums wurde von Anfang an erkannt. Leider haben die zivilen Unruhen und die militärischen Konflikte die Anziehung von Investitionen behindert. Im Jahr 1996 hat sich die Situation relativ stabilisiert. Seitdem hat das Statistische Amt damit begonnen, die FDI-Zuflüsse in die georgische Wirtschaft zu registrieren. In den Jahren 1996 bis 2003 lassen sich bestimmte Phasen in der Entwicklung der ausländischen Direktinvestitionen in Georgien unterscheiden. So wurde beispielsweise der Bau der Ölpipeline Baku-Tiflis-Ceikhan als treibende Kraft für ausländische Direktinvestitionen angesehen. Generell war und wird der Infrastruktursektor in Georgien aufgrund der geopolitischen Lage des Landes immer wichtig sein. In den Jahren 2004-2008 leitete die Regierung die so genannte "aggressive Privatisierung" ein. Dieser Schritt wurde zum einen durch den Bau der Pipeline Baku-Tiflis-Ceikhan und zum anderen durch die Notwendigkeit eines beschleunigten Wirtschaftswachstums ausgelöst.

Die Jahre 2009-2012 können als dritte Phase angesehen werden, in der sich die Regierung auf die allgemeine wirtschaftliche Liberalisierung, die Vereinfachung des Steuersystems usw. konzentrierte. Die Gründe für diese Schritte liegen auf der Hand, da einerseits die Privatisierungsobjekte knapp waren und andererseits der militärische Konflikt mit Russland, die Besetzung einiger georgischer Gebiete und die globale Finanzkrise eine völlig neue Realität schufen. Die vorherige Regierung versuchte noch bis 2012, große Infrastrukturprojekte zu fördern. Seit den Parlamentswahlen 2012 steht die neue Regierung großen Infrastrukturprojekten eher skeptisch gegenüber. Sie hat jedoch die Bedeutung von Infrastrukturprojekten für die weitere wirtschaftliche Entwicklung des Landes erkannt.

Nach 1996 wurden 2007 mit **2.014.841,6 Tausend USD** die meisten ausländischen Direktinvestitionen angezogen. Im Jahr 2014 waren die attraktivsten Sektoren für FDI-Zuflüsse Transport und Kommunikation mit insgesamt **433.654,7 Tausend USD**.

Um die Problematik der FDI-Zuflüsse besser zu verstehen, betrachten wir die Dynamik und die sektorale Verteilung der FDI in den letzten fünf Jahren.

Aus den offiziellen Daten (siehe Tabellen 4.1. und 4.2.) geht hervor, dass die Sektoren Verkehr und Kommunikation, Bauwesen, Energie und verarbeitendes Gewerbe zu den attraktivsten Sektoren für den Zufluss ausländischer Direktinvestitionen nach Georgien gehören. Einige Forscher behaupten, dass die ausländischen Direktinvestitionen vollständig mit dem Exportpotenzial des Landes verbunden sind. Diese Behauptung ist teilweise richtig. Dennoch ist der Export nicht die einzige Richtung, der das Interesse von Investoren aus den Vereinigten Arabischen Emiraten zugeschrieben wird.

4.2. Sektoren mit dem höchsten Investitionspotenzial

Die Investitionsattraktivität Georgiens war schon immer mit geostrategischen Faktoren verbunden, insbesondere mit der Lage des Landes zwischen Europa und Asien, die den Warenverkehr vom Osten in den Westen und umgekehrt ermöglicht. Darüber hinaus ist auch das Potenzial zur Schaffung eines Transitknotens in die Nord-Süd-Richtung und umgekehrt von großer Bedeutung. Die Verwirklichung des Transitpotenzials des Landes ist über die Eisenbahnstrecken Georgien-Aserbaidschan-Russland möglich.

Die geopolitische Lage Georgiens spiegelt sich in verschiedenen Projekten wider, wie TRACECA, der Neuen Seidenstraße usw. Die für beide Seiten gewinnbringende Zusammenarbeit zwischen China und Georgien basiert in erster Linie auf der geografischen Lage Georgiens, dank derer das Land zu einem wichtigen Akteur im Güterverkehr zwischen China und der EU werden kann.

Somit wird das Transitpotenzial kurz- und mittelfristig weiterhin einen großen Beitrag zur Investitionsattraktivität Georgiens leisten.

Es sei darauf hingewiesen, dass die georgische Regierung versucht hat, das Transitpotenzial des Landes durch die Einrichtung einer freien Industriezone mit internationaler Lagerhaltung in Poti zu nutzen. Der Hafen von Poti hat sich jedoch nicht als so vorteilhaft erwiesen wie erwartet (er ist recht flach). Die Idee, einen Tiefwasserhafen auf georgischem Gebiet zu bauen, ergab sich aus der Analyse des vorhergehenden Problems - der geopolitischen Lage. Die Eisenbahnverbindung zwischen Georgien und der Türkei bietet eine einzigartige Gelegenheit für die Kombination verschiedener Transportmöglichkeiten. Daher ist das Interesse der chinesischen Regierung an dieser Art von Projekten offensichtlich. Im März

2015 wurde in Peking eine Vereinbarung zwischen Chinas größtem staatlichen Energieunternehmen *Power China* und dem georgischen Unternehmen Anaklia Industrial Eco Park and Port Ltd. unterzeichnet. Dem Abkommen zufolge werden die Chinesen in sechs Monaten mit dem Bau eines großen Hafens am Schwarzen Meer im Dorf Anaklia beginnen, der eine Kapazität von 100 Millionen Tonnen Fracht pro Jahr haben wird. Die chinesischen Investitionen in dieses Projekt werden sich auf die enorme Summe von 5 Milliarden USD belaufen.

Was die ausländischen Direktinvestitionen anbelangt, so ist die chinesische Wirtschaftstätigkeit in den letzten fünf Jahren deutlich geworden. Es ist erwähnenswert, dass dies ein zweifellos positiver Trend ist, der mit großen Infrastrukturprojekten zusammenhängt, die von chinesischen Unternehmen durchgeführt werden (z.B. Eisenbahn, Hafenbau, etc.). Die Beteiligung chinesischen Kapitals an der georgischen Wirtschaft ermöglicht die Schaffung von 1.000 neuen Arbeitsplätzen pro Jahr. Bei einer georgischen Bevölkerung von nur vier Millionen ist das keine geringe Zahl.

An welchen anderen Sektoren werden die chinesischen Unternehmen wahrscheinlich interessiert sein? Es liegt auf der Hand, dass Georgien bei all diesen Projekten einen gewissen Wettbewerbsvorteil haben sollte. Zunächst einmal sollte die Tatsache berücksichtigt werden, dass die Wiederausfuhr von Georgien von der Gewinnsteuer befreit ist. Dies steht in engem Zusammenhang mit der Entwicklung von großen Infrastrukturprojekten. Die Verwirklichung dieser Projekte wird mit der Einrichtung von Logistikzentren definitiv gelingen.

Darüber hinaus ist der Bau von großen Wasser- und Wärmekraftwerken in Georgien recht interessant. Es sei darauf hingewiesen, dass die Wasser- und Wärmekraftwerke nicht nur als eine Möglichkeit zur Steigerung der Stromexporte betrachtet werden sollten. Besonders interessant ist die Möglichkeit der Produktion von Gütern, die große Mengen an Strom als Ressource benötigen. In der Folge wird wahrscheinlich die Produktion mittels Schmelztechnologie in Betracht gezogen.

Darüber hinaus sollten wir nicht die Vorteile des Abkommens über die vertiefte und umfassende Freihandelszone (DCFTA) vergessen, das zwischen der Europäischen Union und Georgien unterzeichnet wurde. Die in Georgien hergestellten Produkte mit freiem Zugang zum EU-Markt werden für die chinesischen Hersteller besonders interessant sein. In erster Linie ist hier die traditionell wettbewerbsfähige Leichtindustrie Chinas zu nennen. Es wäre sinnvoll, Joint Ventures zu bilden, bei denen die georgische Seite den Vorteil des freien Zugangs zum EU-Markt und die Möglichkeit der Herstellung von hochwertigem Design genießt. Der Vorteil Chinas liegt in seinen traditionell starken industriellen technologischen Fähigkeiten. Diese Art von Produkten kann auf dem EU-Markt sehr wettbewerbsfähig sein. Die oben erwähnte Möglichkeit sollte im Zusammenhang mit dem Ost-West-Güterverkehr betrachtet werden. Vielleicht wäre es angebracht, eine unabhängige Studie durchzuführen, die spezifische Warengruppen aufzeigt, deren freier Zugang zum EU-Markt für die chinesischen Unternehmen interessant sein wird. Es sollte auch betont werden, dass die großen Investitionen die Ausarbeitung von mehr Schutzmechanismen für chinesische Investitionen auslösen werden (z.B. bilaterale Abkommen, Versicherungen und Investitionsgarantien usw.)

Auch die militärisch-technische Zusammenarbeit kann ein interessanter Aspekt sein. China hat in großem Umfang militärische Ausrüstung aus der ehemaligen Sowjetunion gekauft. Georgien verfügt in dieser Hinsicht noch über ein recht großes Potenzial, das auf den Unternehmen des ehemaligen militärisch-industriellen Komplexes der Sowjetunion beruht. Die Möglichkeiten der gemeinsamen Herstellung von militärtechnischen Produkten sollten auch für den weiteren Export in Drittländer in Betracht gezogen werden.

Das touristische Potenzial Georgiens könnte auch für chinesische Investoren interessant sein. Es wäre lohnenswert, Direktflüge einzurichten und chinesischen Unternehmen Flächen für den Bau von Unterkunfts- und Geschäftskomplexen in georgischen Tourismusregionen zur Verfügung zu stellen. Die genannten Komplexe werden nicht nur chinesischen Touristen, sondern auch anderen Staatsangehörigen dienen.

4.3. Unterstützung der Investoren

Es ist notwendig, den Gesamtrahmen zu berücksichtigen, der den Schutz von Investitionen und die Beziehungen zu Investoren regelt. Die georgische Gesetzgebung sieht keine besonderen Sicherheitsmechanismen für Investoren vor. Es wird davon ausgegangen, dass das liberale Umfeld den allgemeinen Hintergrund des Investorenschutzes darstellt und die Verbesserung der Qualität der richterlichen Unabhängigkeit die beste Garantie für den Schutz von Investoren ist. Zur Erleichterung der Aktivitäten von Investoren hat die georgische Regierung bestimmte Programme ausgearbeitet, darunter die bestehenden Möglichkeiten für Investoren auf der Website des Ministeriums für Wirtschaft und nachhaltige Entwicklung -

ein **kostenloser Service für Investoren.**

Der Partnerschaftsfonds ist ebenfalls von großer Bedeutung, da er als Co-Investor fungiert. Dies ist besonders wichtig für die Durchführung von Projekten in der Energie- und Verarbeitungsindustrie.

Inwieweit ist es möglich, das Interesse Chinas an Investitionen in Georgien zu steigern? Vielleicht ist es sinnvoll, eine spezielle Studie durchzuführen, die die vielversprechendsten Bereiche sowie bestimmte Maßnahmen, die von georgischer Seite zu ergreifen sind, aufzeigt. Es ist ratsam, spezielle staatlich finanzierte (zumindest teilweise) Präsentationen für die chinesischen Unternehmen durchzuführen. Es wird auch empfohlen, Besuche der potenziellen chinesischen Investoren zu organisieren. Die georgische Regierung sollte die Kosten für solche Besuche übernehmen.

Tabelle 4.1. Die ausländischen Direktinvestitionen in Georgien nach Sektoren in Tausend USD.

Insgesamt	2010	2011	2012	2013	2014
Landwirtschaft Fischerei	8,631.9	14,907.6	16,119.3	11,857.4	12,290.3
Bergbau und Gewinnung von Steinen und Erden	53,435.9	40,219.6	4,862.2	43,704.9	42,781.5
Herstellung	175,334.5	120,339.7	167,906.5	99,765.1	205,417.4
Energie	21,877.9	203,951.6	179,402.6	244,745.1	189,945.0
Bauwesen	4,705.9	48,112.2	41,839.2	49,847.5	316,588.1
Hotels und Restaurants	17,121.8	22,705.6	17,652.3	-13,360.1	124,851.8
Verkehr und Kommunikation	215,116.2	126,517.2	72,828.9	140,104.4	433,654.7
Gesundheitswesen und Sozialhilfe	1,182.4	16,827.0	17,550.8	720.0	-9,507.6

Liegenschaften[1]	119,253.0	224,776.3	52,805.6	42,294.6	138,654.8
Finanzsektor[2]	107,406.4	167,701.8	162,552.2	166,386.3	115,322.6
Andere Sektoren[3]	90,430.7	131,185.5	178,044.8	155,837.4	188,424.2

Das Nationale Statistikamt von Georgien

Tabelle 4.2. Gesamte ADI in Georgien in Tausend USD und der Anteil Chinas (die chinesischen ADI in Georgien in den letzten fünf Jahren)

Jahre	2010	2011	2012	2013	2014
Insgesamt	814.5	1.117.2	911.6	942.0	1.758.4
China	-7.9	9.6	36.1	89.9	217.9
%		0.9	3.96	9.54	12.39

Das Nationale Statistikamt von Georgien

Kapitel 5. Türkei Alter neuer Handelspartner

5.1. Hintergrund

Nach der Wiederherstellung der Unabhängigkeit Georgiens war es nur logisch, dass die Türkei zu einem der wichtigsten Handels- und Investitionspartner des Landes wurde. Dies wurde durch eine Reihe objektiver Faktoren begünstigt, wie die gemeinsame Landgrenze, eine mehr oder weniger systematisierte Verkehrsinfrastruktur und eine lange Tradition kultureller Beziehungen. Der türkische Inlandsmarkt bot unerfahrenen georgischen Geschäftsleuten die Möglichkeit, die notwendigen Erfahrungen zu sammeln. Neben diesen Faktoren ist auch die Tatsache zu berücksichtigen, dass die großen internationalen Unternehmen, die ihre Niederlassungen in der Türkei hatten, die Entwicklung ihrer Geschäfte in Georgien als logische Fortsetzung ihrer Tätigkeit in der Region betrachteten.

Die ehemaligen Sowjetrepubliken, einschließlich Georgien, waren die logischste Richtung für das Umsatzwachstum türkischer Unternehmen. In dieser Hinsicht hatte die Türkei objektive Vorteile. Die türkischen staatlichen Stellen, die die nationalen Unternehmen bei der Erschließung neuer Märkte aktiv unterstützten, waren gut vorbereitet und begegneten den neuen Möglichkeiten mit bewährten Methoden auf verschiedenen Märkten. Türkische Unternehmen verfügten über ein gut organisiertes Versicherungssystem für Exportgeschäfte. Darüber hinaus wurden Zweigstellen türkischer Banken eröffnet, um türkische Unternehmen in Georgien zu unterstützen. Angesichts der bestehenden Realität war es offensichtlich, dass die Einfuhr türkischer Produkte in Georgien zunehmen würde.

Gleichzeitig hatte Georgien die Möglichkeit, seine Produkte in die Türkei zu exportieren. Allerdings waren unsere Möglichkeiten sehr viel eingeschränkter, so dass die Ergebnisse recht bescheiden ausfielen.

Beide Seiten erkannten die Notwendigkeit einer Partnerschaft, und die Länder versuchten, die günstigsten Bedingungen füreinander zu schaffen. Im Jahr 2007 wurde schließlich ein Freihandelsabkommen zwischen Georgien und der Türkei unterzeichnet - eines der wirksamsten Mittel zur Verbesserung der wirtschaftlichen Zusammenarbeit.

5.2. Handel in Zahlen

Der türkische Anteil an den Importen nach Georgien ist in den letzten 10 Jahren stetig gewachsen. Im Zeitraum von 2005 bis 2014 wuchs er um 8,75 %, während der Export einen umgekehrten Prozess durchlief: Der türkische Anteil am Export ging 2014 im Vergleich zu 2005 um 12 Prozent zurück. Es sei darauf hingewiesen, dass der Anteil der Türkei am georgischen Export im Jahr 2010 einen historischen Höchststand für den Zeitraum 2005-2014 erreicht hatte - 19,9 Prozent. Was war der Grund für diesen Rückgang des türkischen Anteils am Gesamtexport Georgiens? (Tabellen 5.1. und 5.2.)

Es lohnt sich, mehrere wichtige Aspekte zu berücksichtigen. Das wichtigste Problem des georgischen Exports ist die geringe Anzahl von Exportprodukten. Die geringe Intensität der Schaffung neuer Exportprodukte hindert die georgischen Unternehmen daran, sich den türkischen Binnenmarkt zunutze zu machen. Vor diesem Hintergrund ist es nicht überraschend, dass der türkische Anteil an der negativen Handelsbilanz recht hoch ist.

Aus der vorliegenden Analyse lässt sich schließen, dass die türkische Seite die Möglichkeiten, die sich aus dem Freihandelsabkommen zwischen Georgien und der Türkei ergeben, gut genutzt hat. Die georgischen Unternehmen steigerten das Exportwachstum bis zu einem bestimmten Punkt, danach wurde das Wachstum jedoch aufgrund einer geringen Anzahl von Exportprodukten ausgesetzt. Dies wird durch die absoluten Indizes der georgischen Exporte in die Türkei bestätigt. Die Analyse der Daten zeigt, dass das Maximum des georgischen Exports mit dem Anstieg der Weltwirtschaft im Jahr 2008 zusammenfällt. Die Tendenz des Rückgangs in den folgenden Jahren wurde jedoch zum einen durch die Weltwirtschaftskrise und zum anderen durch die politischen Ereignisse in Georgien bestimmt. Im Jahr 2014 stieg das absolute Volumen des georgischen Exports in die Türkei auf den höchsten Stand der Jahre 2005-2014, obwohl es nun den geringsten Anteil am georgischen Gesamtexport ausmacht. (Tabelle 5.3.)

Welche Produkte werden in die Türkei exportiert und wie hoch ist der türkische Anteil an den führenden Exportwarengruppen? Für die vorliegende Analyse wurden die Daten des Nationalen Statistikamtes und des Internationalen Handelszentrums verwendet. Die führenden Warengruppen des georgischen Exports wurden in den letzten Jahren identifiziert (auf der vierstelligen Ebene des Harmonisierten Systems). Der Anteil der Ausfuhren dieser Produkte in die Türkei wurde jedoch später geschätzt.

Die Analyse der Daten (Tabelle 5.4.) zeigt, dass der türkische Anteil in praktisch allen führenden Exportgruppen hoch ist. (Obwohl die Exportrate in die Türkei bei Warengruppen wie Wein, abgefülltes Wasser usw. nicht so hoch ist). Die detaillierte Analyse zeigt, dass diese Warengruppen in den letzten 10-15 Jahren führende Positionen eingenommen haben (die Ausnahme ist die Warengruppe 85 für Autos, wo der Reexport erfüllt wurde). Die Arbeitserfahrung auf dem türkischen Markt ist also vorhanden. Es gibt die günstigsten rechtlichen Rahmenbedingungen, aber in der Realität gibt es keine neue Exportproduktion, was die Möglichkeit der Beherrschung des türkischen Marktes verringert.

Die gleiche Methodik und die gleichen Informationsquellen, die für die vorangegangene Analyse (Tabelle 5.5.) verwendet wurden, sollten auch für die Betrachtung der Importdaten aus der Türkei verwendet werden.

Das erste, was auffällt, ist die Vielfalt der aus der Türkei eingeführten Waren. Türkische Unternehmen exportieren nach Georgien Produkte fast aller Art und Bezeichnung.

Ein großer türkischer Inlandsmarkt trägt unvoreingenommen zu diesem Prozess bei und verschafft türkischen Unternehmen die relativen Einsparungen bei der Produktionsgröße. Dies macht türkische Produkte sehr wettbewerbsfähig, und daher ist der Anstieg der Importe türkischer Produkte nicht überraschend. Das Abkommen über eine weitreichende und umfassende Freihandelszone zwischen Georgien und der Europäischen Union schafft eine objektive Grundlage für die Steigerung der Einfuhren aus der EU. Dieses Wachstum wird nicht vollständig auf Kosten des Nachfragewachstums erfolgen. Daher wird die Einfuhr von Produkten aus bestimmten anderen Regionen wahrscheinlich zurückgehen. Es ist sehr wahrscheinlich, dass die Einfuhren aus der Türkei sowie aus Russland und der Ukraine in erster Linie zurückgehen werden. Im Falle der beiden letztgenannten Länder wird der Rückgang durch eine angespannte politische Lage und einen objektiven Faktor (Freihandelsabkommen mit der Europäischen Union) beeinträchtigt.

5.3. INVESTITIONSDYNAMIK

Interessant ist auch die Frage der ausländischen Direktinvestitionen aus der Türkei in Georgien. Der Gesamtanteil der Investitionen aus der Türkei in Georgien am Gesamtvolumen der ausländischen Direktinvestitionen ist geringer als der Anteil des türkisch-georgischen Außenhandels am gesamten Außenhandel Georgiens. (Tabelle 5.1.).

Die Datenanalyse (Tabelle 5.6.) zeigt, dass die ausländischen Direktinvestitionen aus der Türkei in Georgien seit 2006 rückläufig sind. Es kann davon ausgegangen werden, dass die türkischen Unternehmen das Investitionspotenzial Georgiens in erheblichem Maße genutzt haben. Das Freihandelsabkommen zwischen Georgien und der Europäischen Union kann nicht als zusätzlicher Faktor für die Förderung türkischer Unternehmen angesehen werden, da die Türkei eine viel tiefere Integration mit der Europäischen Union genießt. Die Hauptaspekte der türkischen Investitionen in unserer Region könnten also die folgenden sein: 1. Die GUS, vor allem die Entwicklung der ukrainischen und russischen Märkte; 2. georgische Produkte mit wettbewerbsfähigeren Preisen für die EU-Märkte; 3. große Energie- oder Infrastrukturprojekte.

Bei der Analyse des ersten Aspekts wird deutlich, dass die Türkei aufgrund der angespannten politischen Lage kurzfristig kein Wachstumspotenzial hat. Außerdem ist die Lösung der aktuellen politischen Probleme kurzfristig weniger wahrscheinlich.

Leider ist auch der zweite Aspekt unrealistisch, da die Produktion der türkischen Unternehmen viel höher ist und daher die Herstellung wettbewerbsfähiger Produkte in der Türkei wahrscheinlicher ist. Die Vermarktung türkischer Produkte in der Europäischen Union ist hauptsächlich mit niedrigen Preisen verbunden, und daher wird der Verlust des gegebenen Wettbewerbsfaktors den Verlust der Wettbewerbsposition auf den EU-Märkten verursachen.

Bei der Betrachtung des dritten Aspekts sollten wir bedenken, dass die Realisierung großer Energie- und Infrastrukturprojekte auch für andere Investoren attraktiv sein könnte. Der Bau des Tiefwasserhafens geht weit über den regionalen Rahmen hinaus und ist in einem globaleren Maßstab interessant. Nach der Fertigstellung des Eisenbahnprojekts (das die Türkei und Georgien verbindet) wird die Bedeutung anderer Infrastrukturprojekte relativ gering werden.

Daher werden Energie- und Handelsprojekte von regionaler Bedeutung der attraktivste Bereich zur Förderung von Investitionen aus der Türkei sein. Die Bildung einer Freihandelszone in Südgeorgien könnte auch für die Türkei interessant sein. Die einzigartige geographische Lage Georgiens und die Beziehungen zu den Nachbarländern haben die Voraussetzungen für ein erfolgreiches Funktionieren dieser Handelszone geschaffen. Die Förderung derjenigen türkischen Investitionen, die bei der Erschließung neuer Exportprodukte oder Märkte helfen, sollte ebenfalls in Betracht gezogen werden.

Tabelle 5.1. Anteil der Türkei an den Ausfuhren, Einfuhren und ausländischen Direktinvestitionen in Georgien.

	2005	2006	2007	2008	2009	2010	2011	2012	2013	2014
Exportieren	18,3	14,1	13,2	13,9	17,6	19,9	12,9	10,4	6,0	6,3
Importieren	11,34	14,22	14,00	15,0	17,50	16,87	18,11	18,26	17,55	20,09
Die FDI	4,8	10,9	4,7	10,5	14,9	11,27	6,8	8,89	4,54	5,30

Quelle: Nationales Statistikamt von Georgien

Tabelle 5. 2. Anteil der Türkei an der negativen Handelsbilanz Georgiens, in %

2010	2011	2012	2013	2014
19,0	22,0	23,4	24,0	26,0

Quelle: Nationales Statistikamt von Georgien

Tabelle 5. 3. Georgische Ausfuhren in die Türkei (Mio. USD)

2005	2006	2007	2008	2009	2010	2011	2012	2013	2014
121,8	**123,3**	**171,8**	**262,9**	**225,8**	**216,8**	**227,6**	**143,0**	**182,9**	**239,3**

Quelle: Nationales Statistikamt von Georgien

Tabelle 5. 4. Türkischer Anteil an den führenden Warengruppen der georgischen Exporte, % (für 2014)

9018	87	7207	7202	6109	3102	2716
24,2	2,0	72,0	3,8	95,0	37,5	57,0

Quelle: Das Internationale Handelszentrum

9018 - Geräte und Ausrüstungen zur Verwendung in der Human- und Veterinärmedizin;

87 - Autos;

7207 - Halbzeug aus Kohlenstoffstahl;

7202 - Ferrolegierungen

6109 - T-Shirts, wärmende Bademäntel und andere Strickwaren, Waren aus Gewirken;

3102 - Mineralische oder chemische Stickstoffdünger;

2716 - Elektrizität.

Tabelle 5. 5. Anteil der Türkei an den wichtigsten Warengruppen der georgischen Importe, % (für 2014)

0207	1517	1905	2106	3004	3402	3917	4011	6204	6205
26,8	28,9	12,3	18,2	22,6	65,2	65,6	33,3	46,3	43,0
6307	6908	7306	7308	7326	8414	8418	8429	8481	8516
87,9	26,0	77,0	48,0	38,0	30,8	32,1	22,2	38,5	45,0
8537	9403								
55,2	34,0								

Quelle: Das Internationale Handelszentrum

0207 - Fleisch und Nebenerzeugnisse von Geflügel, frisch, gekühlt oder gefroren;

1517 - Margarine;

1905 - Brot, Gebäck, Kekse, "Shakarlama" und andere Backwaren;

2106 - Anderweitig nicht genannte Lebensmittel;

3004 - Verpackte Arzneimittel;

3402 - Organische grenzflächenaktive Stoffe, Detergenzien;

3917 - Rohre und Schläuche sowie deren Formstücke aus Kunststoff;

4011 - Gummiluftreifen, neu;

6204 - Anzüge, Sets, Latzhosen, Reithosen und Shorts, für Frauen;

6205 - Hemden für Männer;

6307 - Verschiedene Fertigwaren, einschließlich Schnittmuster;

6908 - Beschichtete keramische Fliesen, glasiert;

7306 - Rohre und Hohlprofile aus anderen Eisenmetallen (Stahl);

7326 - Waren aus anderem Eisen und Stahl; Luft- oder Vakuumpumpen, Luft- oder Gaskompressoren und Ventilatoren;

8418 - Kühlschränke, Gefrierschränke und andere Kühl- und Gefriergeräte;

8429 - Planierraupen, Grader, Lader, Stopfmaschinen und andere;

8481 - Wasserhähne, Ventile und ähnliche Vorrichtungen für Rohrleitungen und Heizkessel;

8516 - Elektrische Warmwasserbereiter;

8537 - Steuertafeln, Schalttafeln, Konsolen, Pulte, Verteilertafeln;

9403 - Möbel und Teile;

9619 - Damenbinden und Tampons, Babywindeln und ähnliche Erzeugnisse aus beliebigen Materialien;

Tabelle 5. 6. Anteil der von der Türkei getätigten ausländischen Direktinvestitionen (FDI) am türkisch-georgischen Außenhandel, in %

2005	2006	2007	2008	2009	2010	2011	2012	2013	2014
5,4	20,1	10,4	13,7	9,7	8,3	5,0	5,0	2,7	3,4

Quelle: Nationales Statistikamt von Georgien

Referenzen:

1. Drysdale Peter, Internationaler Wirtschaftspluralismus: Economic Policy in East Asia and Pacific, Sydney, Allen and Urwin, 1988.

2. Johanson&Vahlne, 1977 Journal of International Business Studies (JIBS).

3. Christophe Cordonnier, EU-Exportmarktbedingungen für die Verwirklichung der Wettbewerbsvorteile georgischer Agrarprodukte. Strategiepapier, 2010

4. John T. Steen und Peter W. Liesch (2007), A note on penrosean growth, resource bundles and the Uppsala model of internationalization,Mangement International review vol.47

5. Sakarya, S., Eckman, M. und Hyllegard, K. H. (2007) "Market selection for international expansion: Assessing opportunities in emerging markets", International Marketing Review, Vol. 24(2), S. 208-238.

6. Schumpeter, J. A. 1934. Die Theorie der wirtschaftlichen Entwicklung: Eine Untersuchung über Gewinne, Kapital, Kredit, Zinsen und den Konjunkturzyklus. Cambridge, MA: Harvard University Press. 105. Schumpeter, J. A. 1950. Kapitalismus, Sozialismus und Demokratie (erweiterte 3. Aufl.). New York: Harper & Brothers

7. UNDP, "Bewertung der Auswirkungen eines möglichen Freihandelsabkommens zwischen der EU und Georgien", 2007.

8. www.intracen.org.

9. Nationaler Statistikdienst Georgiens, www. geostat.ge

Milton Keynes UK
Ingram Content Group UK Ltd.
UKHW030144051224
452010UK00001B/163

9 786208 322779